NHK出版オリジナル楽譜シリーズ

連続テレビ小説

ブギウギ

ハッピー☆ブギ

作詞・作曲 服部隆之

JN022897

Contents

服部隆之 巻頭言 ……02

歌詞 ……03

ボーカル＆ピアノ ……04

ピアノ・ソロ ……11

コーラス ……16

メロディー譜 ……26

ボーカリストからのメッセージ ……28
（中納良恵／さかいゆう／趣里）

NHK出版

「ハッピー☆ブギ」に込めた思い

「ブギの女王」として名を馳せた笠置シヅ子さんと、僕の祖父である作曲家・服部良一をモデルにした朝ドラの音楽を担当することができてうれしかったです。主題歌のお話をいただいた瞬間から「ブギにしよう」と決めていました。この曲はスルスルっとあっという間にできましたが、特に意図したわけではないのに、祖父がつくった曲のエッセンスがいろいろ入ったものになりました。

たとえば構成面でいえば、最後にコーダ（終結部分）があるところは、「東京ブギウギ[*1]」に少し似ています。歌詞に「ダバドゥディダー」という擬音語を入れたのは、トランペットの音が歌詞に入っている「ラッパと娘[*2]」の「バドジズ デジドダー」のイメージがあったかもしれません。祖父は僕の留学中に病気になってしまったので、実は二人でちゃんと音楽の話をしたことはないんです。でも祖父の音楽はいつのまにか僕の中に蓄積されていたのでしょう。祖父の曲と一緒に「ハッピー☆ブギ」をかけていただけるのは、僕ならではの作曲家冥利に尽きるというところです。

現代風を意識した点として、祖父の時代のように1音符1文字ではなく、1つの音符に歌詞をぎゅっと詰め込んだ部分をつくりました。あまり間も与えていないのでブレスがとりづらく、歌うのはちょっと大変です。また、祖父のブギは最後まで元気よく駆け抜けていきますが、緩急をつけるために中サビとしてゆっくりしたバラード部分を入れ込みました。そこは母娘の絆を感じさせるパートでもあります。ブギとしてはちょっと珍しいですが、曲に奥行きが出たので入れてよかったと思います。

作詞は初めてで、もともとは別の方にお願いするつもりでした。「ブギウギ」という言葉をどうしても入れたくて、そこだけ決めるつもりが気づいたら全部埋まっていました。「ブギがどんなに素晴らしくて楽しいものか」ということしか言っていないのですが（笑）。笠置さんの人生って波乱万丈で、歌うときもピーターパンのように空中を舞って夢と希望をバーっと降らしてくれるようなイメージがある、それがそのまま詞になりました。

タイトルは迷いました。突進して周囲を巻き込んでいくようなエネルギーを表現したくていろいろ考えましたが、幅広い世代の方誰にもストンと響くものは何かと考えて最終的に「ハッピー」に決めました。☆（スター）を入れたのも僕のちょっとしたこだわりです。

さて、今回の楽譜では、弾き語り、ピアノ・ソロはひとりで楽しめますし、中納さん、さかいさん、趣里さんの3コーラスをイメージしたパート譜もあります。ぜひ3人でも歌ってみてください。自分なりに消化して気持ちよく歌えたり弾けたりするのであれば必ずしも楽譜どおりでなくていい、そんなふうに楽しんでいただくのもありじゃないかと思います。

*1 作詞 鈴木勝　作曲 服部良一（1947年）
*2 作詞・作曲 服部良一（1939年）

服部隆之

ハッピー☆ブギ

作詞・作曲：服部隆之

何なの　この　リズム
無重力みたい
ブギのウギが私の心軽くするの
大空を羽ばたけるの

ブギウギ ウギー　ブギウギ ウギー
魔法の言葉
体が自然に踊り出す
ダバドゥディダー　止まらない

ブギウギ ウギー　ブギウギ ウギー
みんなが夢中
ブギの虜よ　助けてちょうだい

何だろ　この　リズム
無重力みたい
ブギのウギが僕らの心軽くするぞ
大海原駆け巡るよ

ブギウギ ウギー　ブギウギ ウギー
魔法の言葉
ヘトヘト　イライラ　吹き飛ばし
ダバドゥディダー　元気です

ブギウギ ウギー　ブギウギ ウギー
誰もが笑顔
今日も明日も　ブギウギたのし

ブギはララバイ　やさしいメロディー
素敵な夢の始まり
ブギはララバイ　シルキースポットライト
母の温もり　生きてる鼓動感じてる
なんてクールなリズム

ブギウギ ウギー　ブギウギ ウギー
魔法の言葉
体が自然に踊り出す
ダバドゥディダー　止まらない
ブギウギ ウギー　ブギウギ ウギー
みんなが夢中
心がウキウキー　ワクワクー
ダバドゥディダー　愛してる
ブギウギ　ウギー　大好き（ブギウギー）
幸せ過ぎる（大好き）
突っ走って　ぶっち切って　歌って踊ろう！
熱く踊ろう！
ブギは希望のエナジー！

3

ハッピー☆ブギ

Vocal & Piano
ボーカル＆ピアノ

作詞・作曲　服部隆之
ピアノ編曲　アベタカヒロ

8

ハッピー☆ブギ

作詞・作曲　服部隆之
ピアノ編曲　アベタカヒロ

ハッピー☆ブギ

作詞・作曲　服部隆之
ピアノ編曲　アベタカヒロ

むじゅうりょく　み　たい

ブギのウギがわたし　の　　こころかるくするの

おお　ぞ　ら　を　ー　は　ば　た　け　る　の　ー
おお　う　な　ば　ら　ー　か　け　め　ぐ　る　よ　ー

おお　ぞ　ら　を　ー　は　ば　た　け　る　の　ー
おお　う　な　ば　ら　ー　か　け　め　ぐ　る　よ　ー

ハッピー☆ブギ

作詞・作曲　服部隆之
採譜　アベタカヒロ

ボーカリストからのメッセージ

中納良恵（なかの・よしえ）

　ブギの女王・笠置シヅ子さんをモデルにしたドラマ「ブギウギ」の主題歌の歌唱を、服部隆之さんから直々にお話しいただけたこと、身に余る光栄であります。歌わせていただいた、服部さんの新しい令和のブギが、月曜から金曜まで毎日、全国のお茶の間に鳴り響くなんて‼　この素晴らしい奇跡によって、今の日本がより実直で、明るく、景気よく、平和になっていくことを祈ります。それが、ブギのお役目なのだと思います。さあさあ！はじまるでー‼　行こか！　希望の未来へ‼

プロフィール：EGO-WRAPPIN' ボーカリスト。1996年中納良恵（Vo、作詞作曲）と森雅樹（G、作曲）によってEGO-WRAPPIN' を結成。「色彩のブルース」や「くちばしにチェリー」は、多様なジャンルを消化し、エゴ独自の世界観を築きあげた名曲として異例のロングヒットとなる。以後、作品ごとに魅せる斬新な音楽性において、常に日本の音楽シーンにて注目を集めている。中納良恵名義によるソロアルバムに「ソレイユ」（2007年）、「窓景」（2015年）、「あまい」（2021年）がある。

左から、さかいゆう、中納良恵、趣里

さかいゆう（さかい・ゆう）

　今回の貴重なオファーをいただき、日本ジャズが生まれ出る瞬間の当時の空気感にできるだけ触れたくて、レコーディング前に服部良一氏の自伝である『ぼくの音楽人生―エピソードでつづる和製ジャズ・ソング史』を読み込みました。大正・昭和時代に、いとも簡単にタイムスリップさせてくれる名著でした。あの凄まじい時代、戦前、戦中、戦後、僕らの御先祖さんたちに寄り添い励ましてくれたブギ、このレコーディングに参加できたことを心より感謝申し上げます。

プロフィール：唯一無二の歌声と、幅広い音楽的バックグラウンドをポップスへと昇華させる、オリジナリティ溢れるサウンドが魅力のシンガーソングライター。22歳で単身ＬＡに渡り、独学でピアノを始める。2009年シングル「ストーリー」でメジャーデビュー。自身の楽曲だけでなく、数多くのアーティストに楽曲提供を行っている。2021年に8枚目のオリジナルアルバム「愛の出番＋ thanks to」をリリース。2022年に故郷・高知にまつわる楽曲を集めた「Whale Song EP」をリリースし、iTunes R&B チャートにて1位を獲得。

趣里（しゅり）

　主題歌を歌うことになるとは微塵も思っていなかったので、服部先生からオファーをいただいたときは驚きでしたし、とにかく頑張らなきゃという思いでした。中納良恵さんとさかいゆうさんの歌声がとても素晴らしかったので、自分の声が入るとどうなるだろうと最初は不安もありましたが、服部先生から「ぬくもりのある柔らかな気持ちで歌ってほしい」とアドバイスを受け、とても楽しくレコーディングできました。ワクワクし、優しい気持ちになれる曲です。毎朝、楽しく聞いてもらえるとうれしいです。

プロフィール：1990年9月21日生まれ、東京都出身。2011年デビュー以降、舞台・映像と幅広く活動。主演を務めた2018年の映画「生きてるだけで、愛。」で、第33回高崎映画祭最優秀主演女優賞、第42回日本アカデミー賞新人俳優賞を受賞。近年の出演作に、映画「もっと超越した所へ。」「零落」「愛にイナズマ」「ほかげ」、ドラマ「DCU」「サワコ〜それは、果てなき復讐」「東京貧困女子。―貧困なんて他人事だと思ってたー」などがある。